Wo die schwarzen Blätter wachsen

Erotische Lyrik?

Harald Birgfeld

Harald Birgfeld, geb. in Rostock, lebt seit 2001 in Heitersheim. Von Hause aus Dipl.-Ingenieur, befasst er sich seit 1980 mit Lyrik. Von ihm erschienen:
"Auf deiner Reise zum Rande im Rande des Randes der Sonne", Gedichte,
„Für dich…" Liebesgedichte,
„Gedichte, veröffentlicht in ausgewählten Anthologien, und Namenlos von meiner Insel, 42 Briefe", Lyrik.
In mindestens 23 Anthologien ist Birgfeld mit Gedichten vertreten. Außerdem:
„Die Tätowierungen der jungen Tanja W.", Prosa.
Harald Birgfeld schrieb seine Gedichte, inzwischen mehr als 12.000 Strophen, überwiegend während der Fahrten in der Hamburger S-Bahn zur und von der Arbeit.

Aus einem Gutachten einer an der Universität Freiburg tätigen Literaturwissenschaftlerin:
"Es lohnt sich, einmal einen heutigen Dichter kennen zu lernen, der mit der deutschen Sprache einen faszinierend fremden Weg betritt und trotzdem dem Leser Freiraum lässt für eigene Gedankengänge, ohne dass die Probleme in erhobener Zeigefingermanier zu zeitkritischen Trampelpfaden werden."
Inhaltsangabe:
Im vorliegenden Band werden 129 Gedichte mit vielleicht erotischem Charakter vorgestellt.

Umschlagbild: Harald Birgfeld

Herausgeber, Autor, Redakteur: Harald Birgfeld,
e-mail: *Harald.Birgfeld@t-online.de*
Im Internet unter: www.Harald-Birgfeld.de

Herstellung und Verlag:
BoD - Books on Demand, Norderstedt
ISBN 9783735739162

Inhaltsverzeichnis ....Seite

Abends hattest du dich nicht........................... 42
Abends, als ich Heim kam............................. 53
Alles, was ich redete...................................... 39
Alles, was ich sah.. 38
Als ich Heim kam 54
Am Strand fließt neben mir............................ 40
Am Telefon.. 29
An deinem Hals hängt Schmuck 46
An der Küste.. 10
An dir, so denk ich.. 30
Andern Tags 71
Aufgerichtet sah ich dich 23
Aus der größten Ferne 57
Bäuchlings werf' ich mich 7
Besorgt um dich.. 16
Da du es nun weißt.. 30
Damals dachte ich von dir 25
Dann dachte ich 59
Dann sah ich es genau 66
Dass ich nicht einmal 13
Deine Haare trugst du hoch gesteckt.............. 34
Deine Reinlichkeit war groß 56
Deine Welt ist heil.. 18
Deinen Augen seh ich's an............................. 60
Den Mast hab ich gesetzt 8
Der Wildwuchs angepflanzter Rosen.................. 39
Der Wind spült dir ins Haar............................ 62
Die Blätter tropften ab 75
Die Ecke eines Raumes 36
Dir erging es schlimmer 43
Dir gestand ich ein 68
Draußen fiel ein Regen 57
Du bist an mir die Staffelläuferin 41
Du breitest deine Arme aus zu Flügeln 41
Du gingst vor mir 50
Du hast davon kein Wort erzählt 19
Du hattest deinen Mann verloren..................... 28
Du knöpfst für mich....................................... 40

Du sagtest mir 64
Du sagtest Schlimmes.................................... 44
Du sagtest so.. 32
Du schriebst mir ein Gedicht 37
Du standst im Schmuck.................................. 64
Du willst nicht... 9
Du wolltest mich nicht überraschen................. 58
Du zeigtest mir ein Bild 72
Ein andres Mal traf ich auf dich..................... 55
Ein andres Mal 53
Ein beuteliges Tuch... 7
Ein grober Schmied 22
Eines machtest du mir.................................... 23
Eines Tages fuhr ich von dir fort 60
Einmal dachte ich von mir............................. 27
Einmal fragte ich direkt 25
Einmal glitt ich aus 31
Einmal kamst du heim................................... 50
Einmal legte ich dich..................................... 68
Einmal saßen wir 56
Einmal trennte uns die Menge 13
Einmal war ich dem Geheimnis...................... 38
Einmal wollte ich 54
Einmal, sah ich, schriebst du auf 61
Es blieben nur... 36
Es huschen Schatten kleiner Blätter über dich 15
Es lag ein Katzentier in deinem Arm............... 58
Es reiben sich die Schenkel............................ 43
Es war das Rauschen eines Wasserfalles........... 52
Es war doch so.. 52
Früher steckten mir noch Teile 20
Groß war mein Verlangen 29
Heute Morgen wurde ich................................ 45
Heute Morgen 31
Hinter Glas seh ich dich sitzen....................... 27
Ich bildete mir ein 75
Ich bin ein Mensch.. 33
Ich erniedrige mich selbst.............................. 11
Ich fürchtete den Anruf.................................. 33
Ich ging direkt 46

Ich hockte 48
Ich klopfte an die Blätterwand 73
Ich kniete fast 8
Ich legte eines meiner Bücher 62
Ich nenne sie mein Weib 7
Ich sah das Bildnis einer Frau 20
Ich sah die zwei 17
Ich schrieb von euch 26
Ich steh vor deinem Bett 12
Ich stell dich vor mich hin 17
Ich strandete entfernt an einer Insel 74
Ich stürze ab 16
Ich überquerte eine Straße 35
Ich verließ das Haus 44
Ich war in der Gewohnheit 28
Ihr zwei Frauen 10
Im Vorbeigehn 12
In diesem Herbst 55
In einem Reiseland 47
Kein Haustier kann 70
Manchmal hätte man sich 72
Manchmal würdest du mir 49
Meine Wohnung war ein Laubwald 69
Meinen Körper hatte ich vergeben 70
Menschen wachsen in den Gabeln ihrer Äste 62
Mir regnest du zu langsam ab 42
Mit gespreizten Beinen 12
Mit räuberischen Augen 11
Muschelfischer will ich an dir sein 9
Nachts 49
Nur, weil du mich verstandst 32
Oft 73
Sag mir, dass ich lüge 47
So auf der Flucht 65
So erwart' ich deine Heimkehr 15
So stehe ich am Strand 9
Später machtest du mir ein Geständnis 26
Später 76
Täglich ließ ich viele Male 48
Über zwanzig leuchtend blaue Augen 14

Überhaupt, so hörte ich dich sagen 51
Vom Gras zum Beet zum Rittersporn................ 18
Von oben sahst du auf die Hast 35
Wenn du mich aushältst 63
Wenn wir in unsren Wäldern spielten................ 65
Wieder lagst du fest im Schlaf........................ 59
Wir feierten das Fest der groben Sitten............. 24
Wir fuhren übers Wasser 66
Wir sprachen von dem Tag 67
Wüstenklima Weiblichkeit 21
Zwischen Gleisen blüht ein Mohn 18

Ich nenne sie mein Weib,
Und über mir ist sie die Königin,
Man könnte sagen, die Gesalbte.
Ich, ihr Untertan,
Der Küsser ihres Schoßes,
Schreibe über Blumen,
Denen schwarze Blätter
Wachsen.

Bäuchlings werf' ich mich
Ins braune Gras,
Das zuckt ein wenig auf,
Und drinnen steht die Hitze
Greller als davor
Und ist nun unter mir.

Mit meinen Lippen grase ich
Die Trockenheit ein wenig ab,
Und will dich feuchten,
Kleinster Rasen aller Rasen.

Ein beuteliges Tuch,
Nicht größer, als die Fläche zweier Hände,
Hängt auf mich herab.
Ich greife sanft hinein
Und zieh dann etwas fest,
Dass es sich nieder neigt,
Sich zu mir senken muss,
Und öffne diesen Spalt im Stoff,
Dass mir das Gold
Von beiden Seiten in die Kehle läuft,
Als sollte ich daran
Ersticken.

Ich kniete fast
Und doch nicht ganz
Und stand vor einem rosa Baum,
Der hielt die langen Äste
Weit von sich.

Nur schwarze Blätter
Blieben in den Gabeln liegen.

Mein Gesicht verschrammte nicht,
Als ich es an der Rinde
Bis zum Ansatz eines Astes
In die Höhe schob.

Ein Wind bog ihn zu mir herab,
Und spitze Finger griffen in mein Haar
Und drückten meine Nase, meinen Mund
Tief in die Mulde.

Mit den Augen irrte ich
In eine Krone,
Die stand mit geschlossnen Augen
über mir.

Den Mast hab ich gesetzt.
Die Doppelsegel sind gebläht,
Und meine Hände liegen auf den Rundungen.

Das Segelschiffchen
Freut sich auf den Sturm,
Der darf von allen Seiten
Drängen.

So stehe ich am Strand:
Mit einer Hand
Beschatte ich die Augen,
Mit der andren halte ich den Stock,
Der sucht in einer kleinen Mulde
Nach der Muschelschale,
Die besteht, so hoffe ich,
Aus beiden Seiten.

Muschelfischer will ich an dir sein
Und Uferschwalbe,
Räuberische Möwe
Und der schnelle Wattenläufervogel.

Hinter dunkler Schale
Liegt die Köstlichkeit
In Fleisch gebettet.

Mit dem Schnabel lässt du dir
Den Kalk zerschlagen.

Du willst nicht,
Dass ich ein zügelloser Reiter
Auf dir bin
Und beißt in meinen Finger,
Um dich unter mir
Zu dirigieren.

In die Zimmerdecke
Ließt du einen Spiegel setzen.
Bis dorthin willst du
Die Hürden überspringen
Und dich dabei nicht
Aus deinem Blick verlieren
Und nicht aus den Augen lassen.

An der Küste
Suche ich umsonst die Meeresenge.

Ufer links und Ufer rechts.

Der Bogen der sich bildet
Ist zu weit.

Ob Stirn allein,
Ob ganzer Kopf,
Ob nur der Mund...

Die Enge engt nicht ein
Und passt sich immer wieder an
In ungeheurer Weite.

Ihr zwei Frauen
Seid so freundschaftlich
So sanft im Umgang miteinander;
Jede von euch geht um ihre Freundin
Als in einem liebevollen Tanz
Und macht sich ohne Hast
Zur Beute für die andre,
Die bleibt unberührt
Und wird nicht angefasst.

Ich werde lange vor euch
Auf euch warten müssen,
Und ihr lasst mich gerne
Lauern.

Ganz wollt ihr noch nicht
Verzichten.

Mit räuberischen Augen
Fahre ich im Handumdrehn
In deine Bluse,
Um mich umzuschauen.

Darin stehe ich sekundenlang
Im Marmorzimmer.
Hell sind seine Fenster
Und ich bin total allein
Und fürchte deine Augen mehr
Als deine Finger.

Ich erniedrige mich selbst
Und du,
Die nie am Boden lebte,
Lässt es zu.

Ich sehe,
Wie du mit derselben Hand,
In dessen Boden ich die Küsse legte,
Unter dessen Kiesel
Ich die Liebesworte schob,
Dass du sie nicht erst hören musstest
Sondern gleich erfuhrst,
Ich sah,
Wie du mit dieser Schalenhand
Den Hund verwöhntest,
Wie er daraus fraß.

Ich steh vor deinem Bett.
Du schläfst darin,
Bist zugedeckt.
Ich seh durch diesen Berg aus Laub
Dein Nachthemd,
Das ist sicherlich verschoben
Und verdeckt, versteckt, vor mir die Stellen,
Wo die schwarzen Blätter wachsen.

Ohne dich zu wecken,
Schiebe ich in Neugier mit dem Fuß
Das Blätterwerk beiseite.

Im Vorbeigehn
Knöpfe ich an deine Augen meine Augen,
Meinen Mund an deinen Mund,
Und meine Hände halte ich so fest es geht
An mich gedrückt.

Der Faden hält nur noch
Sekunden stand,
Dann springt er mir,
Weil du mich ansiehst,
Durchgerissen
Ins Gesicht.

Mit gespreizten Beinen
Steh ich über dir,
Und du, die Dauertänzerin,
Die ich nicht lassen kann,
Mit der ich jeden Tanz beginn,
Liegt bäuchlings unter mir
Im Schlaf.

Selbst mit dem Atem
Würde ich nicht wagen,

Dich noch einmal zu berühren.

So sind wir im Kreuz mit uns
Und sterben ohne Andacht
Vor uns hin.

Einmal trennte uns die Menge,
Weil wir in der Menge waren,
Weil wir in ihr untergingen.
Deine Hand sah ich darin
Zum Himmel steigen,
Und du zeigtest damit
Deine reine Freude.

Unter Wasser
Mochte deine andre Hand
In einer andren liegen.

Eng an eng mit anderen,
Auf diese Weise eng an eng mit dir
Ertrank ich unter
Unerträglichen Gedanken.

Dass ich nicht einmal
Du sein kann
Und lernen kann,
Wie du mich gerne hättest,
Wenn ich so bin, wie ich bin,
Wenn ich um deinetwegen,
Nein, um meinetwegen
Bei dir bin.

Vielleicht wärst du danach
Um meinetwillen,
Nein, um deinetwillen
Noch einmal bei mir.

Über zwanzig leuchtend blaue Augen
Deines Staunens
Waren aufgegangen.
Davon sah ich nichts.
Du standst mit deinem Rücken
An der Wand.

Die Kleider lagen unter dir
Und eines deiner Beine
Hattest du ein wenig angewinkelt
Und den Fuß zurück gestellt.

Erst hattest du die Augen zu,
Dann, als ich vor dir kniete
Und du diese Wand
Als Stütze deines Kopfes brauchtest
Und die Hände in den Nacken schobst
Und mit denselben Händen
Mich an meinen Haaren
In die Höhe zogst,
Ging eine Blume nach der andren
An dir auf,
Doch das geschah schon unter mir.

Ganz oben stand dein offner Mund,
Daraus entsprang ein Schlängelein,
Das hielt nach einer Schwesterzunge
Ausschau.

Es huschen Schatten kleiner Blätter über dich.
Ich denke mir dabei
Wie du dich unter meinen Händen
Räkeln würdest,
Könnt ich Blatt für Blatt
Von dir entfernen.

Schließlich würde ich dich
Durch ein Schlüsselloch entziffern können,
Deinen Namen sagen lernen,
Dass du mir auch glaubtest.

Auf die Frage,
Was ich dauernd denke,
Hab' ich keine Antwort.

So erwart' ich deine Heimkehr:
Eng,
Als schlösse sich ein Blitz um dich,
Umfließ ich deinen Leib
Und fahr mit
Blauer, gelber, roter, weißer Zunge
Über dich.

Ich schlag in dich
Und schlage doch nicht ein
Und stehe als ein Züngelnder
Vor deinem Mund,
Den kann ich in der Raserei
Nicht finden, kaum erkennen.
Deine Hände müssen dabei
Meine Führer sein
Und dich mir lenken.

Besorgt um dich,
Will ich nach deinem Inhalt schaun.
Du weißt,
Dass ich nur malen kann,
Wenn meine Augen sehen.

Meine Augen kleben überall an mir,
Und nachts,
Wenn ich auf Steigungen
An dir, in Niederungen schleiche,
Sind sie unterwegs
Und überraschen mich mit Neuentdeckungen,

Mich wundert sehr,
Dass ich mir selbst noch nicht begegnet bin
Und dich zu dir
Noch nicht befragen konnte.

Ich stürze ab!
Lebt wohl ihr Irdischen,
Ich komm euch wieder nah!

Mein Leben ist mein Tod,
Mein Tod dein Schoß,
Dein Schoß, hurra, mein Leben.

Kurz vor meinem Aufschlag,
Denke ich noch diese Zeilen.

Schreibstift und Papier
Hab ich, so lang ich fall,
Genug im Kopf.
Nachher erinnre ich kein Wort
Davon,
Und lerne alles neu,
Vom Ende und vom Anfang an.

Ich stell dich vor mich hin
Und knie vor dir,
Und deine Kleider
Sind schon lange abgestreift,
Und mit viel Vorsicht
Hab ich meine Hand in dich getaucht
Und lüg mir vor,
Dass das ein wenig Kühlung brächte;
So verhinder ich,
Dass mich der Herzschlag trifft,
Wenn ich nun ganz,
Mit einem einzigen Verlassen,
In dich springe
Und mein Atem, außer Atem,
Um dich weht.

Ich sah die zwei.
Sie hielt ihn an der Hand
Und legte seinen Arm um sich.

Sie sang ein Lied
Von einem Wanderstab
Und er versprach
Mit einem Zeichen seines Daumens,
Den er zwischen seinen
Mittel- und den Zeigefinger schob,
Dass er verstanden hatte
Und dass er verlässlich sei.

Dann gingen sie,
Und hatten nichts verrichtet, auseinander.

"Irgendwann", so meinte er,
"Wenn wir uns wiedersehen,
Wird es nicht so lange dauern,
Weil wir nichts erklären müssen,
Und wir wissen gleich Bescheid,
Dann werden wir uns finden."

Deine Welt ist heil,
Und schamlos nützt du jedes Loch in ihr,
Mir die zerstörte Welt,
Mir meine Welt
Aus glatter, makelloser Oberfläche
Aufzuzeigen.

Das, was mich zum Schluss verführen könnte,
Liegt in mir
Und hat mich ausgehöhlt,
Bis an den Rand.
Ein kleiner Riss darin, das weißt du,
Wäre tödlich.

Zwischen Gleisen blüht ein Mohn.
So leuchtend strahlen deine Zähne,
Wenn die Perlenkette deines Mundes
Sichtbar wird,
So denke ich, sieht deine Zunge aus,
Fällt Licht auf sie.

Nur ungern lass ich dich verreisen.
Mohn und Zähne,
Mund und Zunge
Sind im selben Augenblick
Nur noch verblühter Abschied.

Vom Gras zum Beet zum Rittersporn...
Ich zwinge dich
Mit deiner Hand darüber hin zu fahren.
"Manche Pflanzen tragen Gift in sich, sagst du,
"Und Gift ist Medizin
Und Medizin ist Gift."

Nun bist du schon zwei Tage fort,
Und was du meintest,

War der Fingerhut
Und nicht der Rittersporn.

Ich leide sehr.

Dein ganzes Leben lang
Verwechselst du mich schon mit Dingen,
Die ganz harmlos sind.

Wär ich nicht ständig auf der Hut,
Würdst du nur einmal deinen Durst
Und deinen Hunger an mir stillen können,
So wie ich es täglich an mir machen muss,
Wärst du schon lange von mir tot.

Du hast davon kein Wort erzählt,
Und dein Gefühl behältst du ganz für dich.

Zu gerne wär ich ein Mal du,
Wenn ich als ich mich zu dir bringe,
Und ich bringe mich dir immer ganz.

Nur einmal sagtest du:
"Und alles, was nach dir kommt,
Wird man an dir messen müssen,"
Und ich denke,
Also wird noch etwas nach mir kommen,
Etwas, das mich ablöst,
Und ich frage:
"Bist du dann nicht mehr du selbst?"

Ich weiß es längst schon besser.
Selbstverständlich hast du recht.
Du wirst dich zwingen müssen
Du zu sein und ich,
Das habe ich verwechselt,
Bin erst dann ich selbst.

Ich sah das Bildnis einer Frau,
Von einer Künstlerin gemalt,
Und "Frauenbildnis" wurde es genannt.
Sie hatte ein Relief
In Gelbmetall geschlagen.

So, denk' ich,
Denkt also eine Frau von einer anderen
Und schlägt sie gleich für alle Zeiten
In ein Gelbmetall.

Ich denke einfach,
Und ich wäre nie darauf gekommen,
Dass die Frauen etwas miteinander
Hätten haben können,
Und sie sprachen doch von Liebesspielen
Und Vereinigung,
Und mein Relief von einer Frau
Wird täglich neu auf einen Frauenleib gepasst,
Und es umfasst ihn ganz.

Früher steckten mir noch Teile
Des Propellers eines Flugzeugs
In der Stirn.
Du dachtest, als du mich entdecktest,
Gleich darüber nach,
Ob sie Signal für eine Ankunft
Oder einen Abflug wären.
Dann entschiedst du dich
Und zogst, was du erreichen konntest,
Vorsichtig mit einem Instrument
Heraus.

Ich spürte nichts
Und sah gebannt zu Boden
Und entdeckte, dass du an den Füßen
Weiße Ringelsöckchen trugst,
So wie sie junge Mädchen hatten.

Dünne rote, blaue Ringe
Liefen um die Fesseln
Durch die feine Strickerei.

Wüstenklima Weiblichkeit...
Ich sah das Boot weit draußen stehn,
Es dümpelte ein wenig,
Wind ging nicht
Und Anker hattet ihr, so meintet ihr,
Nicht nötig.

Auf dem Boot sah ich nur Frauen,
Die sich mit den Fingerspitzen
In den eignen und den fremden Nabel stießen.

So entstand um sie die Trockenheit,
Und Wasser wurde Sand,
Der hielt das Schwanken an.

Ein Wüstenklima Weiblichkeit
Stand über ihnen,
Explodierte langsam in der Ferne,
Und ich floh und floh
Und kam auch gut voran
Und kam davon.

Ich weiß noch heute nicht,
Ob ich dir je davon erzählen werde,
Denn von allen,
Die dort draußen um ihr Leben rangen,
Und du warst ja unter ihnen,
Kehrte keine heim.

Ein grober Schmied

Schlug dir ein feines, zartes Gitter.
Es war feiner, als du denken konntest,
Noch viel feiner, zarter, schöner,
Als die künstlerischste Häkelarbeit.

Die schlug dir ein grober Schmied.

Du hingst mit deinen Augen
Nicht an dieser Arbeit,
Sondern an dem Schmied
Und legtest dich erst in sein Kohlenbecken,
Dann auf seinen Amboss,
Und der Schmied,
Dem du nur in die Augen schautest,
Nahm dich als die größte Selbstverständlichkeit.

Ein Funken,
Der aus diesem Feuer stob,
Stach mir ins Auge
Und dann tief in meinen Kopf,
So dass ich auf der Stelle
Daran hätte sterben können.

Aufgerichtet sah ich dich
Im Fensterrahmen stehen.

Zwischen dir und einer Morgensonne,
Die sich königlich wie du
Soeben erst erhoben hatte,
Stand ein Wettstreit.

Zwischen dir und mir
Könnt sich der Wunsch entfalten,
Diesen Streit mit einem Urteil
Zu entscheiden.

Dabei muss ich mich vor harten Strahlen hüten
Und vor Augen,
Deren Blitze
Trunkenheit aus Wahnsinn zaubern
Und die Gier nach Zärtlichkeit
Verraten.

Eines machtest du mir
Schnell noch zur Bedingung,
Weil du meinen Hunger kanntest,
Weil du wusstest,
Wie ich unersättlich alles nehmen,
Alles fressen würde,
Weil du an dich selber dachtest.

Die Bedingung stelltest du zu spät
Und auch zu früh.

Den Wunsch nach Zärtlichkeit
Konnt ich dir erst danach erfüllen.
Alles aß ich roh
Und mit den Fingern,
Aß so unergründlich schnell
Und ohne die Genüsslichkeit,
Die du mir botst.

Wir feierten das Fest der groben Sitten.

Jemand klagte an,
Es sei das krause Leben eines Schamhaars
Mehr der Ausdruck stiller Kunst,
Als alles, was wir mit dem Lärmen
In uns unterdrückten.

Dich beredete ich nebenbei,
Mir als Portrait zu sitzen,
Und ich hatte hinterhältig vor,
Dich in der vierten Dimension, der Zeit,
Und auch von allen Seiten
Und von oben und von unten
Als ein Aktbild darzustellen.

Nichts, versprach ich dir,
Würd dir durch mich geschehen.

Es entstand ein Film,
Sonst war es nicht zu machen.
Darin schnitt ich dich an vielen Stellen auf,
Und setzte mich daran, dich wieder
Zuzunähen,
Und ich öffnete dich wieder
Und verschloss dich wieder.

Dies Geschehen wiederholte sich
Und wiederholte sich.

Sonst war es, wie ich sagte,
Wirklich nicht zu machen.

Einmal fragte ich direkt,
Ob du die Treue hieltst
Und dachte dabei nur an dich und mich,
Und Treue, sagtest du,
Wär heute nichts
Und trotzdem hättest du von ihr
Ein Bild mit einer Kamera gemacht.

Es war ein buntes Bild,
Das du mir zeigtest.

Darin flogen du und ich,
Vom Boden abgehoben, in das Objektiv.
Wir hielten uns im Fliegen
Eng umschlungen
Und verfolgten jeder ganz für sich
Mit großen, abgestumpften Kinderaugen
Das Geschehen unter uns,
Und unter uns geschah die Erde,
Die wir grad verließen.

"Ich" so sagte ich,
"Kann mich an diese Reise nicht
Erinnern."

Damals dachte ich von dir,
Und heute gebe ich es zu:
"Sie ist dir näher, als die andere,
Das soll ihr Vorteil sein,"
Und Liebe wusste ich nicht anders
Zu erklären.

Du und ich versuchten damals
Mit nicht einem Wort
An diesem Zustand etwas
Zu verstehen.

Später machtest du mir ein Geständnis
Und gestandst dir selber etwas ein.

Du hattest mich
Mit aller Kraft und allen Mitteln
In den Jahren umgeschmolzen.
So war ich ein zweites Mal
Entstanden
Und erfuhr durch dich von mir
Und dass ich anders nie
Vor dir bestanden hätte
Und nie existierte.

Ich schrieb von euch,
Weil ihr als Freundinnen
Im Umgang miteinander wart.

Ich suchte das Geheimnis,
Das euch band, und sah,
Dass ihr von Heimlichkeiten lebtet,
Die ihr euch, so schnell es ging,
Erzähltet, offenbartet
Und erst zwischen, unter euch,
Entstehen ließt.

Ich hörte einmal,
Als die abgerissnen Fetzen rohen Fleisches,
Dass ihr euch
Die bloßen Schenkel
Unter hochgezognen Röcken
Aneinander riebt,
Und dass ihr euch die Hände
Gegenseitig auf die Brüste legtet.

Einmal dachte ich von mir,
Dir ist doch eine Frau genug,
Und eine Frau ist immer
Mehrfach eine Frau.
Wir kannten uns schon lange,
Und ich hatte lange den Verdacht,
Und hätte ich dich einmal ohne mich
Mit dir allein verbracht,
Wär ich viel früher drauf gekommen.

So blieb ich nur im Verdacht,
Dass du mit dir...

Hinter Glas seh ich dich sitzen,
Hinter Glas seh ich den Zopf
Aus deinem Haar,
Darin ist eine Schleife eingeflochten,
Eingeflochten auch die Hand-
Und Armbewegungen der Morgentoilette.

Heute früh, vor deinem Spiegel,
Warst du noch auf dieser Seite
Und mir nah,
Ich sah dich wie du warst und in dem Glas.

Dahinter gab es kein
Dahinterkommen.
Nun sitzt du im Zugabteil,
Bist hinter Glas, im Spiegel und davor,
Und eine Wirklichkeit,
Die so nicht anzufassen ist
Und an mich fasst,
Fasst mich nun an.

Ich war in der Gewohnheit
Und griff nach den Trinkgefäßen
Deiner Brust,
Da traf mich schon der Stich
Der Schlange,
Die du dir zu deinem Schutze hieltst,
Dass ich dich wenigstens im Tod
Bemerken würde.

So biss ich,
Um selbst von dir
Den Biss zu ernten.

Du hattest deinen Mann verloren,
Weil er sich verloren hatte,
Und er hatte nichts zu dir
Von dem Verlust gesagt,
Und dir war der Verlust entgangen.

Morgens hing er in dem Baum,
Die Füße waren noch auf einer Sprosse
Seiner Leiter.

"Nein,
Sprich nicht zu mir von dem Verlust.
Ich sah es auch.
Halt deinen Mund geschlossen,
Dass du nicht die letzten Perlen,
Die du in den Backentaschen
Aufbewahren konntest, auch verlierst,
Denn jedes deiner Worte wird zum Reiter
Eines dieser weißen Pferdchen."

Groß war mein Verlangen,
Groß war meine Kraft.

Du konntest beidem
Nichts entgegensetzen als dich selbst.

So stieß ich unerwartet heftig
Doch mit dir zusammen,
Und du warfst mir
Die Besessenheit des Augenblickes
Augenblicke später vor.
Das war zu spät
Und etwas früher
Hättest du ja gar nichts damit
Ausgerichtet.

Unser Aufprall war und blieb
Ein Prallen aufeinander.

Am Telefon
Erzählte ich dir das Gedicht
Von einer Blumenfrau,
Die Wasser auf die Steine goss
Und sie zum Blühen bringen wollte.

"Du bist nicht gerecht zu mir,"
Das sagtest du dazu,
"Denn vor der Tür,
Vor deinem Mund,
Liegt dieser Berg nicht aufgegang'ner Liebe,
Und ich weiß nicht mehr,
Was ich noch machen soll."

Du hattest sicher Recht
Und wirklich sah ich dich
Sehr oft in meiner Nähe.

An dir, so denk ich,
Könnte Schnee zur Wärme werden,
Und ich denke,
Puppenhaft ist dein Gesicht.

An deiner Hand geht schon ein Kind,
Ein anderes ist noch in deinem Leib,
Und einen Vater weist du auf,
Der bleibt hauteng an deiner Seite.

Uns bleibt nur
Das Schlafwort des Bedauerns
In die Augen hängen,
Das versenden wir
Mit schwarzen Segeln unsrer Blicke.

Du bist näher noch an dir, als ich.
Und fragst zuerst und ganz gezielt,
Warum ich an dir Vater wurde.
"Manchmal", sagst du,
"Kann ich dir nicht glauben,
Und wie steht es erst mit mir."

Da du es nun weißt,
Gib auf!

Ich bin ein Nagelbrett,
Darauf kann man nicht schlafen.

Niemand ruht sich ungestraft
Auf meinem Rücken aus.
Der wurde viel zu sehr
Gequält mit Nägeln,
Die man schon seit seiner Jugend
In ihn schlug.

Heute Morgen
Musstest du dich mir verweigern,
Weil es eine Frauensache war.

Ich lag zwar über dir
Und wurde doch
Zum abgestorb'nen Ast
Am eignen Baum.

Mit deinem spitzen Schnabel
Hacktest du ins Holz,
An meinem Arm ein Specht,
Der sich beschäftigte,
Denn Futter war genug vorhanden.

Unter fester Rinde
Lag die Sehnsucht nach Berührung
Andrer Art,
Die ließ die trockne Späne
Unter mir zu Boden sinken.

Dort, in diese Tiefe,
Durfte ich nicht blicken,
Leben schösse mir gleich wieder
Ins Geäst.

Einmal glitt ich aus.
Ja, es war meine Schuld,
Und ich war voll von einer Lust
An Schuld
Und Lust am Untergang,
Die sollte mich ganz haben.

Du behieltst an dir die Oberhand
Und auch zum Schluss an mir
Und wolltest nicht
Als Schweinehirtin
Mit den Schweinen schlafen.

Du sagtest so:
"Ich will die Glocken
An dir klingen lassen,
Dass ihr Schwingen mich mit dir
Zum Beben bringt."

Ich hörte dich
Und schlug von innen an die Wand,
Wie man die Glocken schlägt,
Wenn man sie richtig schlägt,
Will man sie klingen lassen.

Dieses Singen
Sprang so heftig auf dich über,
Dass sich keiner von uns beiden
Aneinander halten konnte.

Lange schwangen wir
Nun parallel zu uns,
Und jeder war in sich mit sich
Beschäftigt.

Nur, weil du mich verstandst,
Und mich im Grunde
Hättest lassen können,
Wie ich war,
Nahmst du dich meiner an,
Um dir dein Ebenbild
Von mir an mir zu schaffen.

Noch war ich als Block
Im Ganzen,
Doch dein Werkzeug,
Oder was es immer war,
Biss sich an mich heran.

Ich fürchtete den Anruf,
Denn am andren Ende wäre ja
Dein Mund.

Als er dann kam,
Und du als Erstes
Über meine Ängste lachtest,
Gab ich zu,
Dass selbst dein Lachen,
Hier in dieser Muschel,
Frühling in dem Nachbargarten war,
Der blühte plötzlich auf,
Und er verlockte mich;
Und meiner Angst,
Das wussten wir sofort,
War er von vielen Gründen einer.

Ich bin ein Mensch,
Der trägt das Schneckenhaus,
In dem er wohnt,
Mit sich herum,
Und du, die ohne Häuschen lebt,
Empfiehlst mir die Zerstörung,
Dass ich endlich nackend bin.

Durch dich, so sagst du auch,
Erlebe ich vielleicht
Die einzige Gelegenheit dazu.

Nach dir, so fährst du fort,
Und hämmerst es mir mit der Zähigkeit,
Mit deinem Willen,
Den ich mir alleine zuzuschreiben habe, ein,
Kommt niemand mehr
Und niemals wieder eine Möglichkeit
Mich so zu sehen, wie du mich,
Und die brutale Einsicht,
Dass uns gar nichts unterscheidet.

Deine Haare trugst du hoch gesteckt,
Und deine Augen
Schossen schnell und etwas distanziert
An mir treppauf, treppab.
Sie blickten fröhlich, freundlich,
Ließen sich trotzdem,
Als hätten sie im Kopf Gewichte,
Von dir langsam drehen,
Und dazwischen
Unterbrachen deine Augenlider alles.

So bekam ich Zeit,
Auf deinen Mund zu schauen.
Der schwieg sich in Landschaft aus.

Die Lider fuhren wieder hoch,
Ich war schon weit in dir,
Das spürtest du
Und batst mich,
Weil du mich noch viel zu wenig kanntest,
Und du sagtest immer noch kein Wort,
Dich wieder zu verlassen.

Draußen, wusste ich,
Hing sich der Wind
An Schaukeln deiner Löckchen auf
Und lag auf deiner Stirn
Und fragte nicht
Und wurde nicht gefragt.

Von oben sahst du auf die Hast,
Mit der ich dich erklimmen wollte,
Und du lachtest,
Mit der Hand vor deinem Mund,
Treppab.

Mit meiner Mühe, dachte ich,
Bin ich umsonst
Und gab dich an dir auf
Und fiel zurück.

Dort lag schon deine andre Hand,
Und deine Augen waren nah genug,
Um wahr zu sein,
Die sprachen alles aus:
Du wolltest mich, wie ich mich selbst,
Um meinetwillen haben.

Ich überquere eine Straße,
Darauf lag ein hartes Blech,
Das war ins Pflaster eingefahren,
War gestaucht
Und Teil der Fahrbahn
Ohne Teil von ihr zu sein.

Was ich dir sagen wollte,
Hätte sagen müssen,
Sagte ich nicht mehr,
Ich traute mich nicht mehr,
Es abzugeben.

Der Verkehr nahm rasend zu.
In dir wuchs die Gefahr
Mir zur Gefahr zu werden,

Es blieben nur
Die abgezählten Augenblicke
Einer Automatiktreppe,
Die dich in die Höhe schob,
An mir vorbei,
Und davon blieben eigentlich auch nur
Die wenigen,
In denen ich von vorne auf dich sah.

Ich rang nach einem Wort,
Das dich beschreiben
Und dich mir bewahren sollte,
Nach dem Wort,
Das mir noch jahrelang aus der Erinnerung,
Dies Bild vermitteln sollte.

Hinter dir stand schon die nächste,
Deren Haar, vielleicht ihr Ohr,
Vielleicht nur eine Handbewegung
Würde mir genauso gut gefallen,
Und es war das Wort für dieses Bild
Geboren: "Landesweit", hieß es
Im Stenogramm der Augenblicke.

Die Ecke eines Raumes
War dir Raum genug.
Du hocktest dich in sie,
Es war sehr schwer dorthin zu kommen,
Ohne nah zu sein.

Die schwarzen Blätter deines Stammes
Hieltst du ganz und gar
Vor mir versteckt
Und schlugst Eroberungen,
Die ich machen wollte,
Völlig ab
Und warst nicht intressiert.

Ich sah, dass du
Die zweite Reihe deiner Flügel putztest,
Die lag sonst unsichtbar
Fest an dir.

Die Nacktheit, dachte ich,
Soll sich und dich wohl so vor mir
Nicht zeigen.

Du schriebst mir ein Gedicht
Und übtest dich in meiner Sprache.

Darin sog an mir, so sagtest du,
Die Gaze einer Liebe
Alles, was du geben konntest, auf.

Ich sah sofort,
Dass du die Worte an dich selber richtetest
Und mit mir spieltest,
Und ich sagte auch,
Dass Gaze und die "Tropfen", die du nanntest,
Nicht von einem Mann
Verstanden werden könnten,
Und es seien Frauenattribute.

Du errötetest vor Scham und Wut
Und zogst aus dir ein Netz zurück,
Das hatte sicher mir gegolten.

Einmal war ich dem Geheimnis
Auf der Spur.
Ich sagte mir,
Wo schwarze Blätter wachsen,
Ist die Frucht nicht fern.

Ich hatte deinen Körper
In den Rändern meiner Kunst
Mit Glasrohr nachgestaltet,
Das von innen leuchtete.

Von außen wartete ich auf den Wind,
Der mir die Blätter deines Körpers
Heben würde.
Alles würde sich mir zeigen,
Alles würd ich sehen
Und auch finden.

Alles, was ich sah,
Bestand aus Rohr aus Glas
Und flackerte von innen.

Auch die andren sahen andre so
Und mich.

Es war die Zeit,
In der man ganz direkt
Gedanken zeigen, sehen konnte,
Und es unterschied sich diese Zeit
In nichts von andren Zeiten,
Und in deiner Nähe tauchte
Licht in Licht, das nur verschmolz
Und nicht, wie ich sonst dachte,
Alles überstrahlte.

Der Wildwuchs angepflanzter Rosen
Reichte über meinen Weg.
Die Dornen waren jung
Und weich.

Ich spürte trotzdem,
Wie die peitschenlangen Zweige,
Als ich schnell vorbeiging,
Sich im Windsog neigten,
Und mir folgten
Und sich so versuchten.

Später gab ich zu,
Dass grade diese Stiche,
Die nicht stachen,
Mich erreichten
Und den Schmerz erzeugten,
Der im Inneren entstand,
Dich mir so köstlich unersetzlich
Machen konnten.

Alles, was ich redete,
Kam nun von innen,
Ja, ich war ganz unbemerkt von dir und mir
In dir
Und gab das Stenogramm an mich
Nach außen weiter.

Alles sieht, so dachte ich,
Ganz anders aus,
Wenn man es selber sieht,
Als wenn man sich nur selbst davon erzählt.

Zu dir sprach ich von meinem Wissen nicht,
Und ich erklärte dir die Worte nicht,
Die du so zu mir sprachst.

Du knöpfst für mich,
Weil ich es will,
Ein wenig deine Bluse auf.
Es geht nicht schnell genug,
Ich helfe nach.

Du siehst den Schreck in meinen Augen über mich,
Und darin auch, was du zu zeigen hast
Und sonst verbirgst,
Und ich seh,
Dass du letzten Endes gerne siehst,
Dass ich es seh,
Du siehst den Schrecken über mich
Nicht ungern.

Dann sagst du:
Sei nicht so grob,
Sei nicht so grob zu mir
Und gibst es auf
Und hast ein wenig Angst
Und lässt die Hände,
Meine und auch deine, sein,
Und ich hab nun die Schwerarbeit
Und tu es gern,
Und dir fällt alles in den Schoß,
Dass deine Furcht sich darin gründet.

Am Strand fließt neben mir
Der See der nackten
Mädchen-, fast schon Frauenkörper, aus.

Sie legen sich,
So unbekleidet wie sie sind,
In Sonnenwind
Und in mein Augenwasser.
Das spült über sie
Und liebt
Und setzt die Wasserrosen,

Die auf ihnen blühen.

Ihre Hüften schieben sich
Als absenkbare Inseln hoch empor,
Die Brüste schwimmen als gemarkte Fische
Über ihren Leib,
Und ihre Stimmen
Sind der Schrei der Möwen,
Die sich lachend in das Wasser stürzen.

Schade nur, dass ich kein Maler bin.
Nach dieser Ewigkeit würd ich erneut
Zur nächsten Ewigkeit
Euch malen,
Um nicht zu vergessen.

Du breitest deine Arme aus zu Flügeln,
Und du hebst sie langsam an
Und neigst den Kopf auf deine Schultern,
Deinen Blick auf mich gerichtet.
So hebt sich die Brust an dir
Zu einem Garten,
Dem ich nicht entkomm.

Du bist an mir die Staffelläuferin
Und hältst den Stab nur kurz
Und überlässt ihn mir
Und gibst mir ab, was mir gehört,
Dass ich es endlich zu dir bring
Und übernimmst ihn ganz und mich
Und wirst zur Siegerin an dir,
Die bäumt sich auf
Und hält sich selbst ganz fest
Und zwischen sich und sich
Den Träger ihres Sieges.

Mir regnest du zu langsam ab,
Und diesen Fallwind,
Der an warmen Sommerabenden
In Büsche, Bäume, Gräser, Halme, Haare
Als ein Vorankünder fällt,
Als ein Erfrischender
Nach schwüler Stickigkeit
Und feuchtem Brüten,
Diesen Fallwind lässt du aus.

Du legst dich einfach in das Trockengras,
Auf dem du immer ruhst und schläfst,
Auf dem du immer schon empfangen hast
Und schlingst,
Dass ich mich nicht an dir verlaufe,
In dem einen Augenblick
Die Arme ums Gefährt.

Abends hattest du dich nicht
Erreichen lassen.
Neben mir verstummtest du
Als Antwort auf mein Schweigen,
Das war so beredt,
Dass ich ganz sicher war,
Du müsstest meine Stimme hören.

Es reiben sich die Schenkel
In den Schenkeln.

Du hast immer Angst davor,
Und zwischendurch heb ich dich an,
Dass du zum Bogen wirst,
Der spannt sich in der Rückenlage.

Ja, ich küsse, wenn ich küsse,
Gern bergauf
Und werfe mich an dir treppab
Und weiß von Schluchten,
Die ich alle sprengen möchte.

Du weißt auch davon und auch,
Dass alles nur Sekunden dauern kann,
Dass keine Zeit
Für lange Vorbereitung bleibt.

Dir erging es schlimmer.
Nachts kam ich zu dir,
Und doppelt Schweigen ließ geschehen,
Und das kurze Öffnen dieser Decke
Blieb nicht unser Fenster,
Blieb uns nicht zum Atemholen,
Nicht zum Namen nennen,
War nicht mehr, war weiter nichts
Als nur ein Stich
In eine zähe Flüssigkeit,
Die schob sich an der Oberfläche
Wieder ineinander.

Trotzdem war es eine Täuschung,
Denn am Morgen, sah ich,
Trugst du das lebendige Geschehen,
Hattest du dein Herz, das wirklich schlug,
Um deinen Hals gehängt
Und kamst mir so entgegen.

Ich verließ das Haus
Und dachte unentwegt an dich.

Ich bin ein dummer Mensch,
Der braucht Erinnerung,
Die muss man ihm servieren,
Ja, die muss von außen kommen.

So vergaß ich dich in mir
Und stieß mit dir erst neu zusammen,
Als ich wieder aus der Tasse trank,
Den Teller sah,
Den Türgriff fasste
Und ihn mir zum Schmeichler
Meiner Hände werden ließ
Und ganz die Tür vergaß.

Selbst Eingang, Ausgang, Durchgang
Waren nichts als
Langsamkeiten, Eiligkeiten,
Die von außen die Erinnerungen
An dich brachten.

Mittendrin verließ ich alles,
Blieb dort stehen, wo ich stand,
Und sah sekundenlang nach dir.

Du hattest in mir wieder alles umgestellt
Und dich neu eingerichtet.
Kaum, dass ich dich fand.

Du sagtest Schlimmes,
Das war schlimm,
Und meine Haut, so sagtest du ganz nebenbei,
Sei viel zu dünn.

Ich frage mich,
Woher kannst du das alles wissen,

Und woher, frag ich,
Kennst du die Dicke, Härte eines Steines,
Denn in ihn floss ich,
Bevor ich zu dir kam.

Heute Morgen wurde ich
Von dir geweckt.
Ich meinte wach zu sein.

So irren sich die Schläfer.

Gleich zu Anfang sah ich
Auf das Grün der schwarzen Blätter
Unter rosa Vorhang,
Unter deinem Nachtgewand,
Das wand sich wirklich
Als ein Schlinggewächs um dich,
Und deine schwarzen Blätter
Waren wirklich grün
Und standen fast in Blüte.

Du in meinem Ohr
Kannst meine Träume fällen
Und bringst Wachheit,
Die sich dann an dir vergeht.

Du kennst das alles,
Und du redest auf mich ein
Und dass du Wäsche wechseln musst,
Und ich denk an die Seelenlosigkeit
Und Unbenutzbarkeit
Gereinigter und frisch gestärkter Tücher.

Mit der Nagelpfeile sitzt du gleich danach
Auf deinem Bett,
Und ich in deinem Rücken warte,
Dass du an mich Hand anlegst.

An deinem Hals hängt Schmuck,
Der ist ganz neu
Und nicht von mir.
Du sagst:
"Man hat ihn mir aus Dankbarkeit geschenkt,
Es ist etwas Lebendiges
Und steckt in einem Käfig."

Jetzt erkenne ich,
Dass an dem kleinen Kettchen
Goldne Stäbe wirklich
Einen runden Käfig bilden,
Und darin bewegt sich Fleisch,
Das ist hautfarben, etwas rund,
Mit blauen Adern unterzogen.

Dazu muss ich schweigen,
Und ich könnte fragen, was ich wollte.
Jede Antwort
Müsste jetzt die Wahrheit sein.

Ich ging direkt
In euer Lachen,
Das hing überall.

Ihr wart zwei Frauen unter euch.

Am Strand, das sah ich,
Lebtet ihr ganz frei
Und ohne Kleider.

Bäume, die die schwarzen Blätter tragen,
Sah ich, gibt es überall,
Und mehr als einer dieser Bäume
Sind für mich schon Wald,
In dem ich mich verlaufe.

In einem Reiseland,
Das ist ein fremdes Land,
So hörte ich,
Müsst sich die Braut den ganzen Leib,
Bis auf den Kopf, enthaaren.

Sie wurd so zum Opfer
Eines Waldbrands.
Der ließ nur die nackten Stämme übrig.
So bezwang man sie,
Von neuem auszuschlagen.

Dein Land ist mein Reiseland,
Das liegt in meiner Hand.
Ich würde es nie wagen,
Eines dieser Blätter
Abzupflücken.

Sag mir, dass ich lüge.
Sage wenigstens,
Dass ich im Irrtum bin,
Denn ich behaupte, jetzt, in diesem Augenblick,
Da du die Augen schließt
Und in dir bist
Und ich in dir
Und mich dein Innenauge
Nicht aus deinen Augen lässt,
In diesem Augenblick,
Da ich von dir nicht lassen kann,
Steht neben deinem Bett ein Frauenkopf.

Es könnte deiner sein,
Dem dient als Rumpf das ganze Zimmer,
Und ich bin in dir in dir
Und täusche mich ganz sicher nicht.

Ich hockte
In den Büschen einer fremden Frau,
Die hielt mich dort versteckt.

Ich lag gern unter ihren Blättern.

Alles,
Was ich wissen, hören musste,
Ließ ich mir von ihr erst übersetzen,
Dass ich nicht ein Wort
Verstand.

Ich ließ sie nur
Um ihrer Stimme willen sprechen
Die drang ohne Halt
Durch mich und mein Gewissen.
Das hielt sie als Nackentuch
Um sich gehängt.

Täglich ließ ich viele Male
Eine Jalousie vor meine Augen fallen
Und erschreckte so
Das Bild von dir in mir,
Dass es zum Schluss verblasste
Und mich frei ließ.

Nachts ging ich dann aus der Dunkelheit,
In der du schliefst,
Ins andre Zimmer,
Um mir Licht zu machen.

So vertrieb ich dich ein zweites Mal
Aus mir
Und überstrahlte dich,
Um endlich Schlaf vor dir zu finden.

Nachts,
Als wir in unsren Betten lagen,
Nachts,
Als sich das Laken Dunkelheit
Ganz eng um unsre Körper schlang,
Ja
Nachts erfuhr ich nur
Von deinem Doppelwesen.

Vorher warst du im Verdacht,
Bei mir im Kopf,
Im Oberleib die Frau zu sein,
Darunter vierbeiniges Tier.

Die Wahrheit aber lag noch anders:
Deinen Oberkörper
Legtest du in einen Flusslauf,
Dass ich mit den Wellen kämpfen musste,
Deinen Unterleib empfahlst du
Einer Riesenschlange ohne Kopf,
Die konnte uns nicht auseinander halten.

Manchmal würdest du mir
Gerne gegenständlich sein.
Ein Gegenstand für mich, so sagtest du,
Wärst du schon ohnehin.

Von meiner Scham verstandst du nichts
Und nichts von meinem Zwang zu dir.
An mir wuchs auch ein Baum
Mit schwarzen Blättern.
Dessen Wurzeln suchten unablässig
Und verfingen sich.
Das war nicht zu verhindern,
Und ich schämte mich dafür.

Du gingst vor mir,
Und das ist wahr,
An dir ist nichts so wahr,
Wie der Verlauf der schönen, braunen Schultern,
Und ich fuhr sie mit den Fingerspitzen,
Mit der Innenhand
In jeder Rundung ab.

Du wolltest wissen, was es sei,
Dass ich es sagte.

"Ja,"
Du kanntest das Gefühl.
"Heut Morgen," sagtest du,
"Bot man mir Hölzer an,
Die legten sich in jede Hand
Und passten sich,
Der Form der Hände an.
So, oder ähnlich ist wohl das Gefühl
An mir."

Ein Kuss von mir
Blieb nicht auf deiner Schulter haften.

"Das liegt," wusstest du sofort,
"An dieser Glätte."

Einmal kamst du heim.

Ich weiß nicht,
Wie ich's anderen erklären soll:
Du warst mit dir zu Viert,
Und jedes Wort
Und jede Handbewegung,
Jeder Schritt zerstob sofort
In alle Himmelsrichtungen.

Vor deinem Spiegelschränkchen
Warst du immer
Einmal greifbar wahr gewesen
Und nur dreimal Illusion.

Du sagtest mir aus deinem Echo:
"Du kamst zu mir, wann du wolltest,
Und ich konnte nichts dagegen tun.
Nun aber wirst du lange
Nach mir suchen müssen.
Ich bin nicht mehr die,
Die du noch an mir kanntest."

Meinetwegen warst du also du geworden,
Und ich gab auch zu,
Dass ich dich nur für mich
Von Mal zu Mal zusammen setzte,
Und das würde ich,
Weil du mich dazu zwangst,
Nun wieder tun.

"Überhaupt," so hörte ich dich sagen,
"Wird sich vieles an mir ändern,"
Und du sprachst zu dir vor mir
Vor deinem Spiegel,
Darin war ich auch.

Du sagtest noch:
"Im Spiegel sehe ich genau,
Wer wem ein Teil
Und wer von wem ein Teil ist.
Diesen Spiegel,
Der uns nicht die Wahrheit zeigt
Und doch bis in den Boden einer Wahrheit
Blicken lässt,
Werd ich um unsrer Beider willen operieren,"
Und du schworst dem Spiegel
Einen Kampf an.

Es war das Rauschen eines Wasserfalles
Ganz in meiner Nähe.

Zwischendurch
Ergab es sich an einer Stelle,
Dass man durch ein Gitter
Mit der Hand
Den Sturz der Wasser greifen konnte,
Und man hielt nichts an.

Ich träumte Tag für Tag
Von dieser fremden Frau
Und ihren Blättern.
Sie stand mir vor Augen
Und ich dachte an ihr Laub.
Es mochte vielleicht blond,
Ein wenig rötlich sein.

Es war doch so:
Wir lebten nahe beieinander, ineinander
Und doch auf Distanz.
In größter Nähe zueinander
Sahst du mir mit deinen Blicken nach,
Bis wir uns nicht mehr sehen konnten.

Ich sah auch zu dir
Und sah, wie du, in diese Ferne.
Die war unsre eigne Schuld.

Ich hätte dir auch sagen können,
Hättest du's gewollt,
Woran das lag,
So nah an uns.

Ein andres Mal
Verließen wir das Haus zu gleicher Zeit.
Das war nicht unsre gleiche Zeit.

Ich dachte immer nur an dich,
Ließ dich sofort aus meinen Händen flattern,
Und du flogst davon
Und warst in Eile.

Alles, was ich an dir liebte, ließ ich frei,
Dass du es mit dir nehmen könntest.

Schmerzlich würde es mich überkommen,
Fiele eines Tages aus den Wolken
Laub in meine Hand.

Abends, als ich Heim kam,
Nein, es war schon Nacht,
Sah ich von außen deinen schönen Kopf
Im Fenster liegen,
Der lag dort auf Wache.

Deinen Körper hattest du getrennt davon
Ins Bett gebracht.

Es schliefen deine Augen.

Katzenmenschen, dachte ich,
Sind weiter nichts, als Tiere,
Die sich menschlich zeigen.

Nie zuvor hat dich mein Leben intressiert,
Und ich, das geb ich zu,
Blieb immer wieder im Gestrüpp
Des ersten Unterholzes
An dir hängen.

Als ich Heim kam,
Lag das Klingeln eines Anrufs
Noch im Raum.
Ich lauschte auf die Wiederholung.
Nichts geschah.

Ich dachte so von mir:
Du bist ein dummer Mensch,
Der steht zum Sprung bereit vor einem Bild
Und übersieht nicht eine Einzelheit,
Und wirklich gibt es
Keine wahre Einzelheit darin.

Ich könnte dich und mich
Und immerfort das ganze Sein
Mit einem harten Gegenstand durchdringen.
Nichts von dir und nichts von mir
Würd dabei aufgespießt,
Von uns würd nichts zum Zeigen
Hängenbleiben.

So, verstehst du, so denk ich,
Wenn du in deiner Sprache
Mit mir redest.

Einmal wollte ich
Das Schlupfloch deiner Dunkelheit
Benutzen.

"Das," so sagtest du,
"Ist nun zu spät,"
Auch stünde ich, um das zu wollen,
Vor der falschen Tür.

Du hieltst die Hand auf dich
Und lachtest über so viel Wollen:
"Ganz umsonst sind deine Tage
Vor dem Licht."

In diesem Herbst
Wuchs erstmals eine feine Wolle
An dir aus.

Das Silberfell des jungen Mädchens
Hatte sich gefärbt
Und auch gewandelt.

Morgens fühlte ich im Aufstehn,
Wie sich dünnste Fäden auf mich legten.
Sie verwehten hinter dir
Und kamen auch von dir.
Ich war ganz sicher.

Draußen, dass du es nicht sahst,
Riss ich sie mir aus dem Gesicht
Und atmete so tief es ging.

In meiner Lunge, spürte ich,
Bewegten sich die Haare eines Felles,
Und sie legten sich
Und richteten sich auf.

Ein andres Mal traf ich auf dich,
Es war ganz unvermutet.
Niemals hätte ich dich überraschen wollen,
Und du sahst mich nicht,
Warst so mit dir in dir vertieft
Und saßt dir gegenüber,
Und du tatst dir und auch dir viel Gutes an.
Das musste ich ertragen,
Und ich hätte es, das wusstest du,
In meinem Leben nie ertragen können,
Und du überraschtest mich,
Der ich dich überraschte,
Damit unvermutet.

Einmal saßen wir,
Ein wenig abgeschirmt,
In einem Restaurant
An einem Tisch.

Ich wartete auf dich,
Und du, das gabst du zu,
Auf mich.

So sprachen wir von uns
Und über uns
Und hofften auf die Gegenseite,
Die sollt für den anderen,
Wir waren ja noch Kinder,
Und wir lebten in der Illusion,
Die sollte für den anderen Begegnung sein
Und uns ein Wunderding vollbringen.

Deine Reinlichkeit war groß.

Du standst in deinem Zimmer,
Und es brachen überall von dir
Die kristallinen Stücke eines Überzuges ab,
Der hatte deine Haut
Ganz lückenlos umschlossen.

Mir warst du in letzter Nacht nicht aufgefallen,
Und ich hatte noch den Nachgeschmack nach dir
In meinem Mund,
Der hatte dich berührt
Und hatte dich nicht ausgelassen,
Und du sagtest mir, wie zur Erklärung:
"Immer, wenn du bei mir warst,
Muss ich mich nachher
Häuten."

Aus der größten Ferne,
Dass wir uns nicht sehen konnten,
Eine Bodenkrümmung lag dazwischen,
Aus der größten Ferne also,
Sah ich über jene Bodenkrümmung
Fest in deine Augen,
Und ich musste warten,
Dass sie sich beruhigten,
Das Schwarz in ihnen endlich still stand.
In der Spiegelung, die nicht mehr zuckte,
Und in der Vergrößerung
War ich in dir zu sehen.

Alles sah ich aus der größten Ferne,
Und mir half kein Instrument,
Es war allein mein Wissen ums Geschehen.

Jene Bodenkrümmung
Schob sich langsam über deine Augen,
Zog sich wieder fort,
Pulsierte mit den Schlägen einer
Unbestimmten Wachsamkeit,
Und Aug vor Aug
Lag jeder vor dem andren auf der Lauer.

Draußen fiel ein Regen.

Dir, so sagtest du zu dir
Und sagtest nichts zu mir
Und sahst mich an,
Dass ich an dir bemerkte, was du hattest,
Dir, so sagtest du zu dir,
Sei jeder Regen recht
Und trocken sei das Laub an dir
Von all der vielen Sonne,
Die drauf fiele.

Es lag ein Katzentier in deinem Arm.
Du sagtest mir:
"Begrüße meine Schwester,
Das ist deine Schwägerin,
Sie ist der Auswuchs einer Liebe,
Die gilt mir
Und ist nicht zu erfüllen."

Immer spieltest du mit Worten
Und mit Taten an
Auf alles, was uns trennte,
Und ich sah es ja,
In Wirklichkeit lag nichts in deinem Arm,
Und mit der dritten Hand,
Die dir gewachsen war
Und dir gehorchte,
Fingertest du dir im Schoß
Und lecktest dir mit deinem zweiten Mund
Das Fell.

Du wolltest mich nicht überraschen,
Und du tatst es nicht,
Und ich war trotzdem vorbereitet,
Dass du mir den Mantel deines Felles
Einmal überstreifen würdest,
Und ich wäre trotzdem überrascht gewesen.

Ich wär gern in ihn geschlüpft
Und hätte mich total in ihn verknöpft
Und keine Stelle des Entkommens
Freigelassen.

So war ich es immer,
Der den Mantel an sich nahm
Und öffnete
Und um sich schlang
Und ihn verknöpfte
Und ihn wieder öffnete

Und ihn zurückgab,
Und an dir verschlosst du ihn
Dann schließlich wieder selbst.

Wieder lagst du fest im Schlaf
Im Laub des Bettes.
Es gefiel dir so.

Ich sah die Birkenstämme etwas angewinkelt
Und die Gabeln mit dem Nest,
Aus dem sie wuchsen,
Und ich sah auch aus der Nähe
Auf das Pergament der Rinde,
Das war glatt und hell
Und vollgeschrieben mit den Worten
Der Berührung durch meine Finger.

Die, so sah ich,
Hatten nicht die kleinste Fläche
Ausgelassen.

Dann dachte ich,
Den ganzen Baum zu lieben,
Wäre viel zu viel für mich.
Das Holz der Birke ist auch innen weiß,
Und niemand möchte wissen,
Woher meine Schwärze stammt.
Ich liebe diesen Teil des Stammes den ich sehe,
Seine Gabeln
Und das Moos in ihnen.

In die Krone deiner Haare steig ich nur,
Wenn ich das Fliegen wieder lernen möchte
Oder muss.

Eines Tages fuhr ich von dir fort.
Dort draußen, dachte ich,
Sieht man mich nicht,
Ich würde dich
Und schließlich mich vergessen,
Und das Blau des Himmels
Zog sich krönend über mir zusammen.

Lange sah ich dort hinauf
Und sah auch,
Dass sich Wolkenkämme
Als die Ränder und die Spitzen einer Krone
Bildeten, verfielen und zerrissen.

Meine Hände lagen neben mir
Im Laub, im Sand, im Gras
Und sahen nichts
Und ließen sich nicht krönen,
Sondern suchten emsig
Nach den schwarzen Blättern,
Wie sie es schon immer taten,
Um sie wieder neu zu fühlen,
Um nicht zu vergessen.
Ihre Angst nur einmal nichts zu finden,
Hätte eine Krone niemals
Überwinden können.

Deinen Augen seh ich's an:
Die Zunge leckst du dir
Im Mund.

Ich kenne diesen Nachgeschmack,
Der endet mit dem Strecken beider Arme
Weit nach einem unsichtbaren Rücken,
Den man fest umfasst,
Und den man sich von hinten
Bis ans Ohr zieht.

Dessen Mund beschert dann Worte,
Die dich deine Augen schließen lassen,
Und du wirst du selbst
Und horchst nach innen,
Achtest auf die Laute
Tierischen Behagens.

So lässt du dich
Ohne einen Augenaufschlag nehmen,
Und es bleibt dir völlig gleich,
Wer es dir macht,
Und für die Untat
Denkst du dir in übler Lust
Auch eine Strafe aus,
Die soll dich selber mit betreffen
Und auf seltne Höhepunkte
Tragen.

Einmal, sah ich, schriebst du auf
Was ich dir beichtete.

Ich schrie zum Himmel über dich,
Schrie nach Verstand für dich.
Du warst mir doch vertraut
Und nun so unvertraut.

Dort oben schuf man blitzschnell
Eine grüne Wiese,
Darauf wuchs zu meiner Freude
Schwarzes Gras.

Ich sagte nach dem Schrei zu dir,
Dass ich auf deine Weide wollte,
Und ich ging
Und fraß mich satt wie nie zuvor
Und graste bis an deine Wurzeln.

Menschen wachsen in den Gabeln ihrer Äste,
Schwarze Blätter, dunkle Nester,
Die bevölkert sind mit den Gedanken
Und den Wünschen
Ihresgleichen.

Mir geht so Erinnerung verloren,
Jede Individualität verliere ich.

Ich fragte in der Nacht nach dir,
Du warst hellwach und sagtest:
"Nein, denn ich will schlafen."
Hättest du geschlafen,
Hätte es dir gar nichts
Ausgemacht.

Ich legte eines meiner Bücher
Auf den Tisch
Und wurde abgelenkt.
Dann sah ich wieder auf den Tisch
Und griff in eine Rolle Stacheldraht,
Der biss gleich zu.

Darunter lagst du nun als Buch
Als Mensch,
Warst nicht zu öffnen,
Bliebst geschlossen, wortlos, stumm
Und ließt mich nicht an dich
Und pflanztest mir den Glauben,
Dass ich dich geschaffen hätte.

Der Wind spült dir ins Haar,
Fällt ständig neu
In eine Dünenlandschaft
Und zieht dort im Gras
Die Scheitel,

Sie verändern sich sofort,
Und deine weiße Kopfhaut
Schimmert durch.

Mich graust's bei dem Gedanken.

Später blas ich selbst
Mit meiner Atemluft
Die weichen Lippen deines Mundes
Auseinander,
Und die Zähne stehen weiß in Schranken,
Fest im Biss,
Und meine Angst hält an.

Ich sollte wirklich alle Lampen,
Alle Nachtgedanken löschen,
Wenn ich bei dir bin,
Dass du von mir nichts siehst
Und mich nicht sehen kannst,
Und ich dich nicht bemerke.

Wenn du mich aushältst,
Unter mir dein Schläfchen machst
Und in Gedanken deinen Haushalt richtest
Und bis Hundert zählst
Und siehst,
Es dauert diesmal etwas länger,
Wenn du also deine Fischernetze
Mühevoll mit deinen Händen flickst,
Dann frage ich dich laut,
Dass du mich nicht verstehst:
"Warum gibst du die Fischerei nicht auf
Und machst dich selbst zum Fisch?"

Du sagtest mir:
"Ich spreche mit dem Wind
Und er mit mir.
Der Wind bläst über meine Lippen,
Die ich leicht verforme,
Und in mir, in meinem Mund,
Beginnen sanfte Töne
Sich in mich zu fressen."

Es war gut, dass du das sagtest,
Denn zu oft verstand ich deine Sprache nicht
Und wusste in der Dunkelheit in dir
Mit dir nichts anzufangen.
So, sah ich,
Gab's immer einen Weg nach draußen.

Früher lag ich unter Wurzeln eines Flüssigglases
Fest begraben,
Und ich hätte mich um meinetwillen
Nicht gerührt.

Du standst im Schmuck.
"Dort drüben." sagte ich,
"Fängt man die Fliegen mit der Hand."

Du legtest alles ab,
Stiegst auf
Und flogst als Fliege in der Luft herum
Und wolltest auch auf meine Haut.
Ich schlug nach dir
Und traf dich nicht
Und wollt dich fangen
Und in eine Schachtel sperren.

Jeder Tag war so für uns,
Und jeder Tag war wie der andere,
Und abends spielten wir in Regelmäßigkeit
Im Blätterwald,

Und eigentlich,
War ich viel häufiger als du
Das kleine Fliegentier.

Wenn wir in unsren Wäldern spielten,
Und die schwarzen Blätter auf der Erde sahen,
Mit den Füßen,
Das sind unsre Finger, darin gingen,
Ohne sie zu heben,
Schliefst du neben den
Gespannten Saiten meines Instrumentes,
Und du warst, das sah ich,
Unter deinen Augen wach
Und griffst auch ein,
Um deine Melodie zu hören,
Ohne dich zu rühren,
Ohne dich von dir aus zu bewegen.

Alles musste ich alleine
Und nach deinen Wünschen machen,
Und ich machte es mit Eifer,
Fast im Wahnsinn,
Der ließ plötzlich alles Laub verwelken
Und zur Erde fallen.

So auf der Flucht,
Wie du es bist, wenn du dich weigerst.
Kann kein Wildtier sein,
Und hoch sind deine Sprünge,
Giftig ist dein Zischen,
Scharf ist jeder Schlag mit deiner Hand,
Und, dass du kein Wort weiter sagst,
Als "Nein",
Es mir in die Erwartung sagst,
Ist schlimmer als ein "Ja"
Aus einem Hinterhalt.

Wir fuhren übers Wasser.
Wir, das waren du und ich.

Ich fuhr auf dir
Und du auf mir,
Darunter schwamm das Land,
Das war nicht zu erreichen.

Ich war dreigeteilt.
Es machten sich in mir
Das Opfer
Und der Quäler
Und der Hehler breit.
Sie übten Eintracht aus.

Dir war nichts vorzumachen.

Alles, was ich kannte,
Kanntest du von dir vor mir.

Dann sah ich es genau.
Du legtest dich
Mit einem viel zu weiten Kleid
Auf eine glatte Kunststoffbahn,
Die war mit Laub bestreut.

Du kanntest mich genau
Und sahst mich an.
Ich stand in meinem Straßenanzug neben dir.
Du stießt dich nun in deiner Rückenlage
Mit den Füßen ab
Und schobst dich durch das Laub
Und rutschtest meterweit.

Ich lief dir nach.
Ich hätt' mich auf dich werfen können,
Und dein Körper gab viel frei,
Das Kleid hielt dir kaum stand.

Mich schreckte dieser Blätterwald am Boden.
Jedes Blatt, so dachte ich,
Hast du geboren.
Du wirst weiter ohne Unterlass gebären,
Und es ist kein Platz für mich
An dir.

Wir sprachen von dem Tag,
Der gestern war
Und sprachen auch vom Wetter.
"Hinter Wolken," sagte ich,
"Scheint jede Sonne,
Und ich sah dort eine schwarze Sonne stehen.
Die strahlt ohne Unterbrechung,
Und man könnte nicht erklären, was sie abgibt,
Und die Nacht ist etwas völlig anderes."

Als ich dann heimkam,
Wusste ich Bescheid.

Der Ausdruck des Gesichtes, das wir haben,
Ist persönlicher Besitz.
Dahinter tragen wir, trag ich,
Ein zweites Wesen, das ist anders,
Das ist völlig frei von uns
Und richtet sich nicht einen Augenblick
Nach dem Besitzer.

So gesprochen,
Mit den Wolken meiner Worte auf den Lippen,
Zwang ich dich zum Kuss.
Du hattest dabei Angst vor dem Ersticken,
Und in Abwehr
Wehrtest du dich nicht.

Einmal legte ich dich
Unter mir beiseite.
Schwer warst du,
Und schwer war es für mich,
Dich zu bewegen,
Und ich achtete nicht mehr auf dich
Und ich verlegte dich.

Du wusstest davon nichts,
Und ich ließ dich nicht aus den Armen,
Und ich hörte dich mit dir
Gespräche führen,
Die ich eigentlich nicht hören konnte,
Und es klang,
Als wolltest du
Auf keinen Fall beiseite liegen,
Und es war ein Klammern aneinander,
Das uns zum Ertrinken führen musste.

Dir gestand ich ein.
Es war nichts zu gestehen,
Und ich sprach von mir
Und meinen Körperteilen,
Die gehörten mir.

Du warst erstaunt,
Dass ich so deutlich wurde,
Und du hattest nie bedacht,
Dass eine Straße,
Die von niemandem begangen und befahren wird,
Wenn man alleine darauf ist
Und sich sich selber fort denkt,
Wirklich leer ist,
Und sie läuft ganz lautlos
Durch die Wirklichkeit.
Die ist auf diese Weise aufgehoben.

Ich, das meinte ich zu sagen,
Habe niemals existiert,
Und sinnlos ist es,
Mich danach zu fragen.
Und an mir zu suchen.

Meine Wohnung war ein Laubwald.
Überall stieß ich auf Stämme,
Weite Äste, die ins Zimmer ragten,
Und ich stand in
Schwarzen, roten, gelben, braunen Blättern,
Die versuchte ich
Mit meinen Fingern zu berühren,
Und darunter zuckte Fleisch.

Dann sah ich dich, versteckt,
Und mich in einer Falle,
Die fiel gleich nach mir ins Schloss,
Und fiel ins Schloss
Und fiel und fällt ins Schloss
Und fällt ins Schloss und,
"Niemals," sagt dein Mund zu mir,
"Wirst du, der keine andre Frau berührt,
Mich an dem Laub
Von andren Frauen
Unterscheiden können."

Meinen Körper hatte ich vergeben,
Und ich wusste nicht an wen.

Es ist mir auch egal,
Wovon ich lebe.
Wovon leb ich denn,
Wenn ich von irgendetwas lebe,
Statt zu leben.

Darum die Vergabe,
Und es kamen etliche,
Die nahmen einfach mit
Und ließen, als sie nichts mehr fanden,
Das, was sie genommen hatten,
Für mich sein.

Ich sah
Und sah auch zu,
Wie sie zu Dieben an mir wurden.

Ich, das war gewiss,
Fraß nur die Köpfe anderer,
Und das berührte niemanden,
Und deinen Kopf
Hob ich mir immer wieder auf,
Weil es mich schmerzte.

Kein Haustier kann
So lautlos wie ein Wildtier sein,
Das sich nach Beute umsieht.

Oft lieg ich vor dir
Und warte ab.

Du weißt es, wie es ist,
Ich weiß es, wie es war,
Und dieses Tier in mir
Will immer wieder neu erfahren.

Manchmal machst du dich
Als Beute gut,
Und manchmal biete ich dir
Beute an.

In dir zuckt nicht
Der Wahnsinn dieser Lust
Zu jagen.

Andern Tags
Warst du von dir gesundet.
Und du sagtest nichts und sahst,
Obwohl du meine Körpergröße hattest,
Als ein Schmeicheltier,
Von unten zu mir auf
Und legtest mir, der dachte,
Dass es doch Gewalt gewesen sei
Und viel mehr als Begehren,
Legtest mir den Blick der Anerkennung,
Deines Wohlgefallens,
Des Gefühles wärmster Neigung in die Augen,
Weil ich ohne dich,
So sagtest du es im Triumph,
Nicht leben konnte.

Und du sagtest es in meine Hand
Und neigtest dich mit einem Kuss
Darüber.

Ich, mit meinem Mund, war schneller
Und zur Stelle.

Gut sahst du in allem aus.
Von meiner Angst,
Dass ich dich in der Angst zerstören könnte,
Wolltest du nichts wissen.

Manchmal hätte man sich
Seine Hände in dir waschen können,
Weil du klarer warst, als Bergluft,
Klarer, als ein ungetrübtes Küstenwasser.

Dann hielt ich mich ganz in dich getaucht
Und achtete auf Blätter,
Die auf deine Oberfläche fielen.

Mit den Fingern durfte ich
Mit ihnen spielen,
Und du selbst saßt in den Schiffchen.
Die stieß ich ganz leise ab
Und fing sie wieder ein.

Du zeigtest mir ein Bild.
Man hatte dich gemalt,
Und ohne es zu wissen,
Etwas, jemanden darüber projiziert.
Der war auf dir,
An dir,
In dir
Und überall war er mit dir.

Du sagtest, dass du mit dem Künstler
Alles durchgesprochen hättest,
Dass er dich so zeigen konnte,
Wie du wirklich warst.

Und der auf dir hielt sein Gesicht zu dir,
Das war auf deinem Bild nicht anzusehen,
Und ich fragte nicht
Und war mir nicht mehr sicher.

Du verlangtest, sah ich,
Weiter nichts,
Als das Gefühl
Totaler Aufgenommenheit.

Oft,
Es wäre nicht erwähnenswert,
Wenn es so wäre,
Oft bin ich der Tod
An deiner Seite,
Der kämpft um das bisschen Leben,
Das ihm blieb,
Und pflügt und gräbt
Und kann nicht fündig werden.

Tief in dir, versteckt im Laub,
So denke ich,
Entdecke ich den Sinn des Lebens
Oder was man dafür hält.

In Wahrheit aber
Stoße ich auf eine ausgestreckte Hand,
Die ragt heraus
Und greift nach allem, was sich greifen lässt,
Und hält es fest.

Das will ich so.

Ich klopfte an die Blätterwand,
Ich klopfte an an dich,
Und keine Stimme öffnete,
Es kam kein Wort der Freundlichkeit,
Und äußerlich sah es so anders aus
Und lud so freundlich ein.

Ich hätte jeden Irrtum ausgeschlossen,
Hätte jeden Schwur getan
Und hätte nie daran gedacht,
Dass du dich ganz verlässt,
Wenn du dich meinem Klopfen
Überlässt.

Ich strandete entfernt an einer Insel.

Niemand, dachte ich,
Wird mich hier kennen,
Hier bin ich vertraut mit mir,
Hier werde ich mir neue Namen geben.

Täglich war es einmal so.
Die Morgennächte
Hatten Sand im Mund
Und sprachen nicht.

Es war zu unbequem fürs Überleben,
Dich am Tage zu bewohnen.

Nur, wenn alles gutgeht,
Werden wir zum Doppeltier,
Das kann sich nicht mehr trennen,
Und wir müssen
Vor den anderen versteckt, die sind wir selbst,
Weil sich die anderen für uns
Nicht intressieren,
Fest umschlungen, wie wir sind,
Ein Doppelleben aneinander führen
Und auf dessen Ende warten.
Das fällt in die Regenzeit.

Die Blätter tropften ab.
"Im Wald", so sagst du,
"Gibt es nach dem Regen
Einen zweiten Regen."

Diesmal kam ich schon durchnässt zu dir
Und kam aus einer Regenlandschaft.
Dorthin, wusste ich,
Müsst ich nach dir
Noch einmal gehen,
Und ich kam von mir zu dir
Und würde nach dir
Wieder zu mir gehen
Und danach zurück zu dir
Und dann zu mir,
Zu dir,
Zu mir,
Zu......
....

Ich bildete mir ein,
Das Blätterdach
Sei Schutzdach vor dem Regen,
Weil darunter eine blanke Sonne lag.

Die kam, das sah ich hinterher,
Von so weit her aus schrägem Winkel,
Und sie hatte mit dem Regen
Nichts zu tun.

Der Regen hatte sich um mich gehüllt
Und ließ die Blätter
An den Zweigen kleben,
Lieferte mich schutzlos aus.

Später,
Als ich dich und mich
In schwarze, weiße Felder teilte,
Sahst du vieles ein.

Es war ganz sonderbar,
Solange ich nur davon sprach,
Bedeutete es nichts
Und gab dir keinen Sinn.
Nun aber riss ich diese Felder von uns ab.

Man könnte es
Mit abgezog'nem Pergament der Birkenrinde,
Dieser wunderbaren Haut vergleichen,
Die ich nun als schwarze, weiße Teile
Ineinander, aneinander schob.

Daraus entstand ein lebensgroßes Bild
Von dir und mir,
Das zeigte uns von uns entfremdet,
Und es zeigte eben auch
Die starke Bindung
Zwischen den Extremen.